LAIS ET CHANSONS
D'ERNOUL DE GASTINOIS

PUBLICATIONS OF THE
AMERICAN INSTITUTE OF MUSICOLOGY
ARMEN CARAPETYAN, Ph. D., DIRECTOR

MUSICOLOGICAL STUDIES AND DOCUMENTS

15

LAIS ET CHANSONS
OF
ERNOUL DE GASTINOIS

by JEAN MAILLARD

MUSICOLOGICAL STUDIES AND DOCUMENTS

15

JEAN MAILLARD

LAIS ET CHANSONS

D'ERNOUL DE GASTINOIS

1964

AMERICAN INSTITUTE OF MUSICOLOGY

LAIS & CHANSONS D'ERNOUL DE GASTINOIS

JEAN MAILLARD

I. LES MANUSCRITS — LES OEUVRES

Les oeuvres du trouvère Ernoul le Viel de Gastinois, essentiellement lyriques, sont conservées dans deux manuscrits, nonobstant une pastourelle et trois motets qui lui sont également attribués sans preuves irréfragables par Jean Beck [1], et qui appartiennent à deux autres recueils.

Point n'est donc, en l'occurence, besoin de recourir à ces arbres sur lesquels s'est penché avec sollicitude Joseph Bédier [2], pour tenter de déterminer l'âge des diverses variantes: les mélodies et les poésies qui nous occupent sont toutes des unica.

Les deux manuscrits datent l'un et l'autre du XIIIème siècle.

Le premier est le 844 du fonds français de la Bibliothèque Nationale, dit communément *Manuscrit du Roi.* Le second porte la cote 12.615 du même fonds français, et est connu sous le nom de *Chansonnier de Noailles.*

Le Manuscrit du Roi, ancien 7222, contient des chansons notées des XIIème et XIIIème siècles. C'est un volume de 219 folios à deux colonnes, de format in-4° en feuillets de vélin, de 306 mm. sur 210. On le désigne, en ce qui regarde son contenu français, par le sigle M. Il est, dit Paulin Paris, "relié en veau racine, au chiffre de Napoléon sur le dos. Ancienne Bibliothèque Mazarine no. 96. Aux déplorables mutilations dont ce précieux manuscrit a été victime, il est aisé de reconnoitre qu'il ne provient pas origi-

[1] Jean & Louise Beck, *Le Manuscrit du Roi,* Philadelphie (1938), II, 89 (abrév.: Beck).

[2] Joseph Bedier, 'L'Art d'éditer les anciens textes, à propos de la tradition manuscrite du Lai de l'Ombre', in *Romania,* LIV (1928), 161.

nairement du fonds de nos Rois [3]. Un grand nombre d'initiales, dans lesquelles étoient tracées les anciennes armoiries de plusieurs grandes maisons, a été enlevé soit par des fripons pour être vendu aux descendants de ces nobles poètes du XIIIème siècle, soit pour être détruit comme ne justifiant pas les prétentions modernes de ceux qui se paroient des mêmes noms" [4].

Le Manuscrit du Roi a fait l'objet d'une édition phototypique commentée par Jean Beck [5], qui a tenté de le restituer dans son état primitif en décelant les erreurs de reliure, en laissant des pages blanches correspondant aux folios disparus. Cette édition, difficile à consulter en France [6], impose au lecteur une vérification constante, du fait que la pagination du recueil est totalement différente de celle du Manuscrit dans son état actuel.

Le Manuscrit du Roi a été réalisé pour Charles d'Anjou, frère de Saint Louis, entre 1246 et 1254 [7]. Il comportait, à l'origine, 555 oeuvres lyriques d'ampleur variable, en principe notées, et dix timbres instrumentaux désignés par la rubrique *Estampies royales.* Les chansons sont d'origine provençale ou française, le texte littéraire des premières étant fortement francisé. Dans sa reliure originale, le Manuscrit comportait 26 cahiers dans lesquels étaient groupées, en premier lieu, des compositions de trouvères, puis des oeuvres de troubadours. Ces deux Corps étaient séparés par un folio blanc sur lequel le scribe a transcrit les estampies royales.

Les oeuvres d'Ernoul le Viel prennent place immédiatement avant les estampies, à la fin du Corps d'oeuvres françaises. Elles sont au nombre de quatre:

1. Por conforter mon corage, *pastourelle,* RS 19 [8].
2. Pensis, chief enclin, *pastourelle,* RS 1365.

[3] Cependant — sans donner de preuves, il est vrai — de La Borde prétend que certaines mutilations auraient été opérées sur ordre de Henry III. Cf. J. B. de la Borde, *Essai sur la Musique ancienne et moderne,* 4 vol., Paris (1780) II, 180 (note de l'auteur).

[4] Paulin Paris, *Les Manuscrits François de la Bibliothèque du Roi,* Paris (1845) VI, 450. Cité dans Beck II, 1.

[5] ouvrage donné en référence sup. note 1.

[6] L'ouvrage a été imprimé aux Etats-Unis et son tirage limité à 300 exemplaires: l'exemplaire n° 85 appartient à la Bibliothèque de l'Institut de France (microfilm au C.N.R.S.).

[7] Beck II, 18.

[8] nous indiquons par le sigle RS les références au catalogue de Raynaud complété par Spanke: *Gaston Raynauds Bibliographie des altfranzösischen Liedes, neubearbeitet und erganzt von Hans Spanke,* Heinrich Husmann edit., Leide (1955).

3. Quant voi le tans avrillier, *pastourelle,* RS 1258.
4. Trespensant d'une amorete, *pastourelle,* RS 973.

Les mutilations subies par le Manuscrit ont entraîné la disparition dans la seconde pièce de onze, voire vingt vers, et d'au moins deux portées de musique; dans la pièce 3 de dix vers et de leur notation; dans la pièce 4, de douze vers et de leur notation.

Les deux premières pièces sont attribuées à Ernoul par une rubrique; l'attribution des n° 3 et 4 est conjecturale, du fait que leur début manque, où se place habituellement la rubrique: l'incipit a été fourni par la table générale du Manuscrit.

L'ensemble représente environ deux cents vers, et deux minutes de musiques effectivement notée [9].

Le Chansonnier de Noailles, sigle T des Chansonniers français, doit son nom au Maréchal de Noailles, qui le conservait jadis dans sa Bibliothèque sous le cote 124. Versé à la Bibliothèque Nationale sous la cote 184 de l'ancien supplément français, il porte actuellement le n° 12.615 du fonds français. C'est un manuscrit in-4° de la fin du XIIIème siècle composé de 233 folios de vélin de 307 mm x 204 à longues lignes. Comme le Manuscrit du Roi, le Chansonnier de Noailles comprend des pièces provençales, mais en plus petit nombre. Quelques pièces ont été ajoutées au XVème siècle. Les poèmes sont en principe pourvus de portées souvent vides de notes.

Au folio 61 verso se lit la rubrique suivante: *Ci commencent li lai ernoul le vielle de gastinois & cis est de nostre dame.* Suit un lai de 272 vers dont l'incipit est, *En entente curieuse* (RS 1017). Eu égard à cette rubrique, Alfred Jeanroy [10] a attribué également à Ernoul de Gastinois le lai suivant, dont la rubrique dit: *c'est ci li viés testamens et li noveaus,* sans qu'un nom d'auteur soit cependant spécifié [11].

[9] Si l'on chante intégralement la Pastourelle I, dont seule la première strophe est notée, la durée d'exécution passe à plus de cinq minutes: tout restant évidemment fonction du tempo de l'exécutant.

[10] Alfred Jeanroy, Louis Brandin et Pierre Aubry, *Lais et descorts français du XIIIème siècle,* Paris (1901), 37 n° XVIII.

[11] Il serait téméraire de vouloir attribuer également à Ernoul les autres lais du Chansonnier: notons cependant que ces compositions somptueuses et recherchées sont toutes groupées (à l'exception de deux pièces): *Lai de Notre-Dame* d'Ernoul le Vielle (f° 61), *Lai de l'Ancien et du Nouveau Testament* (Ernoul le Vielle, f° 63), *Lai du Chèvrefeuille* (attribué à Tristan, f° 66), *Lai de la Rose* (anonyme, f° 67), *Lai d'Aelis*

Le Chansonnier de Noailles renferme donc un ensemble important de 538 vers et plus de quarante minutes de musique, attribuables à notre trouvère.

D'autres compositions pourraient être attribuées à Ernoul de Gastinois. Par exemple, trois motets polyphoniques figurant respectivement dans les recueils de Montpellier, Florence et Wolfenbüttel. A savoir:

a) *Pensis, chief enclin,* motet à deux voix, ténor FLOS FILIUS EJUS, qui figure au folio 263 v° du Manuscrit de Montpellier. Fac-simile et édition: Yvonne Rokseth, *Polyphonies du XIIIème siècle,* 4 vol., Paris (1936-1947), n° 239.

Les trois premiers vers du double sont les mêmes que ceux de la Pastourelle II; le manuscrit qui renferme celle-ci étant, nous l'avons dit, mutilé, on ne peut qu'opérer un rapprochement entre le schéma strophique des strophes intactes et celui du motet. On s'aperçoit qu'il y a divergence dès le vers 6, et que la strophe du motet est beaucoup plus longue: 13 vers contre 8.

b) *Crescens incredulitas,* motet à deux voix du manuscrit florentin Pluteus 29. I de la Bibliothèque Laurentienne, folio 402 r°. Ténor: GO. Edition: Friedrich Gennrich 'Trouvère-Lieder und Motettenrepertoire' in *ZfMW* IX (1926), 25.

Cette invective contre la cupidité et l'impiété possède, dans sa partie de duplum, une mélodie directement dérivée de celle de la Pastourelle I (*Por conforter mon corage*).

c) *Por conforter mon corage,* motet à deux voix du Manuscrit de Wolfenbüttel, Bibliothèque Herzog August 1206, folio 240 v°, dont le duplum est à peu près identique — tant pour la mélodie que le texte littéraire — à la Pastourelle I (Por conforter mon corage). Astuce d'un plaisantin qui voulait provoquer le rire de l'auditoire? Au lieu de *L'autre jor les un boschage / Tos seus chevauchoie,* nous lisons: *L'autrier (seur) un*

(anonyme, f° 68), *Lai des Amants* (anonyme, f° 69), *Lai des Pucelles* (anonyme, f° 71), lai *Flours ne glais* (Gauthier de Coinci, f° 73).

La facture voisine des deux premières compositions, leur commune inspiration religieuse permettent évidemment de supposer avec Alfred Jeanroy, que nous avons à faire au même trouvère.

Si nous devons considérer Ernoul comme un jongleur (cf. inf., la notice sur l'auteur), il serait encore plausible d'imaginer qu'il a, sur ordre du commanditaire du Manuscrit, communiqué au scribe tout son répertoire de lais, appris par audition, et éventuellement enrichi d'une ou deux pièces de sa composition.

nuage / Tout seus chevauchoie! Notons par franchise, que la lecture est d'ailleurs difficile (du moins sur notre microfilm) à cet endroit précis. En réalité, il convient de lire: *L'autrier* (*seur*) *un rivage.* Ténor: GO.

Le fait que ces trois motets utilisent des éléments qui proviennent directement d'oeuvres d'Ernoul, ne permet en aucune façon d'attribuer à ce dernier la paternité de ces compositions: les échanges de ce genre sont extrêmement nombreux au Moyen-Age [12].

Enfin, Jean Beck attribue également à Ernoul de Gastinois la pastourelle *En avril, au tans novel,* attribuée par d'autres à Thibaut de Blaison. Il fonde son argumentation sur la remarque bien fragile, que les deux derniers vers de la première strophe se trouvent dans le texte du motet *Pensis, chief enclin,* signalé plus haut.

II. L'AUTEUR

Il ne nous est connu que par les trois rubriques des manuscrits précités. Seule, la rubrique du Chansonnier de Noailles fournit une précision quant à l'origine du poète:

ci commencent li lai ernoul le vielle de gastinois (f° 61')

Les deux autres rubriques du Manuscrit du Roi sont plus laconiques. L'une d'elles est même incomplète, disparue partiellement lors des mutilations du Manuscrit:

Ernous le viele (f° 102')
. . nous li . ielle (- id. -)

Ce sont là les seuls renseignements que nous possédons sur ce trouvère dont aucun contemporain n'a — à notre connaissance — parlé. Dans son oeuvre, peu important — du moins par les compositions qui nous ont été transmises —, il n'y a aucun indice permettant de déterminer quelles sont les régions qu'il a pu connaître. Son surnom prête même à équivoque: faut-il interpréter *le vielle, le viele, li vielle* par *le vieux,* comme l'a fait Armand Machabey à la suite d'autres érudits [13]: le ton paterne, plein de bonhommie des deux lais — qui révèlent une bonne connaissance des grands évènements de l'Histoire Sainte — donnerait aisément à penser que nous

[12] Cf. Friedrich Gennrich, 'Trouverelieder und Motettenrepertoire', in *ZfMW* (1926), novembre-décembre.

[13] Armand Machabey, *Guillaume de Machault,* 2 vol., Paris (1955) I, 106: *Suivent les lais d'Ernoul le Vieux . . .*

sommes en présence d'un poète âgé, familier des lectures sacrées; un pieux ermite dans le genre du Reclus de Molliens. Mais les pastourelles ont une tout autre résonance, et le *jus françois* auquel s'adonne notre rimeur dans la Pastourelle I, n'est guère compatible avec la règle d'un anachorète. On remarquera que l'adjectif *vieux* est employé sans équivoque dans la rubrique du second lai: *c'est li viés testamens et li noveaus.* Or, aucune des trois rubriques nominatives ne dit *Ernous li viés.* En dépit du sens courant *viel = vieux,* donné par Godefroy, l'interprétation de Jean Beck [14]: *Ernoul, le joueur de la vielle* [15] n'est pas à rejeter à priori. On serait cependant en droit d'attendre *vieleur,* avec ce suffixe *-eur* que l'on retrouve dans les noms de Jehan l'Orgueneur, Tristan le Harpeur &c . . .

La table générale du Manuscrit du Roi, placée en tête du recueil et dont les folios sont répertoriés à l'aide de lettres, offre un classement hiérarchique, ou mieux par rang social, des différents trouvères. Le nom d'Ernoul n'y figure pas, et nous avons remarqué que ses pastourelles sont les dernières pièces du corps d'oeuvres françaises. Elles sont, dans cette table initiale, attribuées à Jean Erars, nom-vedette d'un auteur plus connu [16]. Jean Erars figure d'ailleurs deux fois dans la table du Manuscrit du Roi, et les chansons qui lui sont attribuées ici et là sont connues comme oeuvres d'autres trouveurs: Baudes de la Kakerie et Jean de Neuville entre autres. Cette attitude du rubricateur permet donc de supposer qu'Ernoul n'était pas d'un rang social élevé et que son nom — sinon son oeuvre — ne retenait guère l'attention de Charles d'Anjou et de son entourage; ce qui était vraisemblablement le contraire pour les lecteurs du Chansonnier de Noailles. Cette remarque peut-elle renforcer l'idée que nous avons affaire à un jongleur de petite condition? Il est difficile de se prononcer.

De quelle région de France est originaire Ernoul le Viel? Du Gâtinais, dit la rubrique du Lai de Notre-Dame. Il s'agit sans conteste de cette province entre Seine, Loire et Loing rattachée en 1068 à la Couronne. Petersen Dyggve l'avait précisé dès 1931 [17], et la localisation, par Jean Beck, dans "cette Forêt de Gastine que Ronsard a célébrée" est plus que hasardeuse [18].

[14] Beck, II, 72.

[15] Il conviendrait d'ailleurs de dire et d'orthographier: *Ernoul, le joueur de viële.*

[16] Beck II, 72 note 146 et A. Guesnon, *Le Moyen-Age,* Paris (1902), 2ème série VI, 159, qui signale deux Jean Erard (ob. 1258 et 1259).

[17] Holger Petersen Dyggve, *Onomastique des trouvères,* Helsinki (1931), 108.

[18] Beck, II, 89. — La Forêt de Gâtine n'est d'ailleurs pas une province, comme le laisse entendre l'auteur.

Le nom d'Ernoul semble avoir été d'ailleurs répandu dans le Gâtinais au Moyen-Age et Saint Ernoul était l'objet d'un culte local: il était le patron des maris trompés, dit Edmond Faral [19]. Nous ne croyons cependant point que l'oraison du naïf héros d'un Dit de Rutebeuf [20] permette d'attribuer au Saint un tel patronage! Puisque nous avons fait allusion à Rutebeuf, précisons que Ernoul le Viel fut son contemporain; tous deux appartiennent à la génération de Saint Louis. Rutebeuf peut-être un tantinet plus jeune et sermonneur. Ernoul n'appartenait sûrement pas à ces générations contre lesquelles pestait l'auteur du *Dit des ribauds de Grève:*

...Jone escuier au poil volage
Trop me plaing de votre folage,
Qu'a nul bien faire n'entendeiz,
Ne de rien ne vos amendeiz;
Si fustes filz a mains preudoume
(Teiz com jes vi je les vos nome)
Et vos estes muzart et nice,
Que n'entendeiz a votre office.
De veoir preudoume aveiz honte.
Vostre esprevier sunt trop plus donte
Que vos n'iestes, c'est veriteiz;
Car teil i a, quant le geteiz,
Seur le poing aporte l'aloe.
Honiz soit qui de vous se loe:
Ce n'est Diex, ne votre pays,
Li plus sages est foux nayx.
Quant vos deveiz aucun bien faire
Qu'a aucun bien vos doie traire,
Si le faites tout autrement,
Car vos toleiz vilainnement
Povres puceles lor honeurs
Quant ne pueent avoir seigneurs.
Lors si deviennent dou grant nombre:
C'est uns peschiez qui vous encombre... [21]

Peut-être se sont-ils connus, et Rutebeuf a-t-il séjourné avec Ernoul dans l'une de ces demeures dont

[19] *Oeuvres complètes de Rutebeuf,* éditées par Edmond Faral et Julia Bastin, 2 vol., Paris (1959-1960). Abréviation: Rutebeuf.

[20] Dans la pièce intitulée *La Dame qui fit trois tours autour du moustier,* le mari trompé s'appelle Sire Ernoul. — Cf. Rutebeuf II, 292.

[21] *La nouvelle complainte d'outremer* (c. 1277), Rutebeuf I 497-509, vers 135-158.

Chascune ert en un espinois
Com ces mesons de Gastinois [22]

ou dans la Forêt de Fontainebleau où petite était la dévotion du menu peuple Notre Seigneur:

xxviii Et vos, a quoi penceiz, qui n'aveiz nul demain
Et qui a nul bien faire ne voleiz metre main?
Se hom va au moustier, vos dites: "Je remain";
A Dieu servir dou votre iestes vos droit romain.

Se hom va au moustier, la n'aveiz vos que faire:
N'est pas touz d'une piece, tost vos porroit maufaire.
A ceux qui y vont dites qu'ailleurs aveiz afaire:
"Sans oïr messe sunt maint biau serf em Biaire!" [23]

Vous vous moqueiz de Dieu tant que vient a la mort,
Si li crieiz merci lors que li mors vos mort
Et une consciance vos reprent et remort;
Si n'en souvient nelui tant que la mors le mort. [24]

Ces rapprochements entre Rutebeuf et Ernoul de Gastinois sont, en dépit de leur intérêt, pures conjectures, et le génie de l'un ne permet en aucune façon d'enfler outre mesure le talent de l'autre. La certitude de pouvoir attribuer à Ernoul, ainsi que le suggère Jean Beck [25], le motet latin *Crescens incredulitas* [26], permettrait cependant d'ajouter aux regrets véhéments du Champenois ceux du poète du Gâtinais qui semblerait ainsi regretter lui aussi "l'aventureuse et brillante génération de la 3ème Croisade" [27].

[22] *La Dame qui fit trois tours autour du moustier,* vers 43-44, in Rutebeuf II, 292.

[23] "*Bierre* est le nom ancien, usuel jusqu'au 18ème siècle, et conservé aujourd'hui dans le nom de certaines localités, de l'actuelle Forêt de Fontainebleau. La Bierre était réputée pour ses cerfs; cf. Guillaume le Breton, *Philippide* XI, comparant la vaillance d'un prince au combat avec la fureur d'un cerf en rut de la *Bieria;* — Marguerite convertie (Jubinal, *Nouveau recueil* I, 319: texte signalé et corrigé par E. Langlois dès 1922, à propos du vers 15329 de la Rose); — proverbe du XVIème siècle (Leroux de Lincy I, 97): Au cerf la bierre, au sanglier le *barbier* (lire *borbier*)": Rutebeuf I, 467. Cf. dans cet ouvrage les commentaires de Edmond Faral sur la signification de ce vers.

[24] Rutebeuf I, 467: *La Voie de Tunes,* vers 109-120.

[25] Beck II, 89.

[26] Cf. sup.

[27] Istvan Frank, *Trouvères et Minnesänger,* Sarrebruck (1952), xi.

Fut-il réellement le misogyne que prétend Beck, eu égard aux sentiments exprimés dans la Pastourelle II:

46 Engiens et trestors, o!
A feme tos jors

Ne s'agit-il point plutôt d'une boutade plus ou moins désabusée permettant au poète de donner en un tournemain le mot de la fin?

Signalons enfin quelques remarques qui, à notre avis, ne sont guère probantes: dans la Pastourelle II, l'auteur-acteur est appelé *Sire damoisiaus* par la bergère; dans la Pastourelle III: *Sire chevalier;* dans la Pastourelle IV: *vassal.* A plusieurs reprises, nous constatons qu'il fait état de sa fortune ou, du moins, fait de riches promesses (Pastourelle I) et se gausse des pauvres vêtements de la "touse" (Pastourelle III).

La langue d'Ernoul semble se rattacher au francien, avec des traits picards qui pourraient indiquer une relation du poète avec les centres littéraires du Nord?

Tels sont les quelques renseignements que nous avons pu réunir autour d'un auteur obscur, mais dont le mérite essentiel est de nous avoir transmis deux exemples fameux de ces grands lais à la forme recherchée, au vocabulaire souvent étonnant, à la composition musicale d'une extraordinaire économie de moyens et cependant infiniment variée, ces lais qui furent durant une longue période du Moyen-Age, la fine fleur du grand art lyrique.

* *
*

III. ESSAI DE TRANSCRIPTION ET EDITION DES OEUVRES

A. *Lai de l'Ancien et du Nouveau Testament* (RS 1642)

Source: T 63.

Edit.: *Histoire Littéraire de la France* XXIII, 560 (vers 18-44; 66-67 et 71, sans la musique). — Alfred Jeanroy, Pierre Aubry et Louis Brandin, *Lais et descorts français du XIIIème siècle,* Paris (1901), édition intégrale avec musique (notation carrée). — Jean Maillard, *Esthétique et évolution du lai lyrique, des origines à la fin du XIVème siècle,* thèse de Lettres, Paris, Centre de Documentation Universitaire (1963), p. 281-284: transcription musicale partielle (vers 1-17; 88-193; 166-189) avec commentaires (278-284). — Cf. Friedrich Gennrich, *Formenlehre*... Halle/Saale (1932), 158 (schéma strophique d'après Alfred Jeanroy).

I.[I.]
1. S'on-ques hom en liu s'a - sist Ki boin lai ó - ïr vau - sist
3. On-ques lais si__ bien ne fist__ A es - co - ter co - me__ cist
5. Ke tos est de Jhe - su Crist__ Ki le Pa - tre no - stre__ fist
7. Et Ki les pa - ro - les__ dist Ke to - tes en es - crit mist__
9. Ie - hans et li é - wan - gé - lis - te. De sa mort fu - rent tris -
te 11. Mains jors a - pres et mains ans__ As en - fans
13. Et a grans Soit chis cans 15. En tel gui - se por - fi - tant
K'a ne - sun des es - co - tants 17. Ne soit· pé - chiés con - tres - tans
II.[II.]
De par son co - man - de - ment
19. El pre - mier co[- men - ce - ment
Es - ta - bli pre - mie - re - ment
21. Le chiel et le fir - ma - ment
Et puis le Terre en - se - ment
23. Et tot kank' il i a - pent
erbes, ar - bres bes - tes et gent
25. Et tot quan - ques mons com - prent
Les co - ses del mon - de cru - rent 27. Ki de Dieu cri (-é) - es fu - rent
Tot crut, tot mul - te - pli - a,__ 29. Tant o - vra, tant pe - cha
31. Li mon - des et fo - li - a
Ke Diex el siecle en - vo - ya
33. Le di - lu - ve ki noy - a
Fors No - e ki es - chap - pa
35. Ke Diex en l'Ar - che sau - va
et ceaus k'Il li co - man - da
37. Par li (don - ques) s'a - res - na
Re - crut et re - com - en - cha
39. Li mon - de des lors en cha.]

III. [III.]
Quant li di - lu - ves fu pas - sés 41. Et des - crieü - tes le grans on - des
Que tot un mois et plus as - sés 43. O - rent es - tés si par - fon - des
Em poi de lieu - fu as - sam - blés 45. Et a mas - sés tos li mon - des
Ke [kant li maus fu tres - pas - sés 47. De pe - chié fu chas - cuns mon - des.]
IV. [IV.]
Des No - é si com j'ai di 49. Et des le di - lu - ve ot mil ans
Si com ens la Bi - ble est es - crit 51. Dus - k'a tans ke fu A - bra - ham
Y - sa - ac son fill pe - tit 53. Ke plus n'a voit de tos en fants, Vaut
sa - cre - fi - ier sans res - pit 55. K'il a - moit plus que tren - te tans.
V. [V.]
Tot l'e - üst sa - cre - fi - ié 57. Si com il l'a - voit tot nu
De - se - ür l'au - tel li - ié 59. Quant un mo - ton tot cor - nu
Ke Diex li a - voit en voi é 61. Vit de jos - te lui ve - nu
Le mo - ton a de - vi - é 63. Et son fill a re - te - nu.
[VI.]
N'es - toit en oi - re nu - le lois 65. Quant A - bra - hams es - toit en
vi - e Ne nul de - viés, ne nul def - fois 67. Diex n'a - voit
fait, lors n'es - toit mi - e En - cor - a - dont ne cuens ne rois
69. Tote iert a Dieu la Si gno - ri - e A son boin gré et
a son pois 71. Fai - soi - ent maint sent et fo - li - e

[VII.]
As sés de teus (lors) i a - voit 73. Ki poi do - toi - ent a pe - chier
Et maint ho - me ki ne sa - voit 75. A - voir [le preu de s'a me chier
Et tel i ot ki co - nis - soit 77. Chas-cun li de - voit re - pro-chier
Et Diex ki tot set et tot voit 79. Quan-ques au cuer puet a - pro-chier.]
VI. [VIII.]
En - si li mon - des a - lot 81. Em - ba - lan__ cé a - dés__ a - dés
Cinq cents ans ke l'o - res ot__ 83. Du(s) k'a tens de Mo__ y - ses
A cui Da - me - Diex par - lot 85. Et a fe - lons Ju - is__ en - gres
En - droit la loi mot a mot 87. K'ils ont puis te - nu a - près.
[IX.]
Mo - y - sès tes - te cor - nu - e 89. Ot la loy de Dieu a - pri - se
De Dieu li es - toit ve - nu - e 91. Et fu tote en es - crit mi - se
Quant par - tot fu es - pan - du - e 93. La lois crut et en tel gui - se
Ke mill ans fu bien te - (n)u - e 95. Et li pue - ples a de - vi - se
[X.]
Fort et fer - me la te - noi - ent 97. Fors tant k'au-cuns i a - voit
Ki au - cu - ne fois pe - choi - ent 99. Ki n'a - loi - ent pas a droit
Le sen - tier k'a - ler de - voi - ent 101. Si som en - coire o - ren - droit
Pe - chent plui - sor et fo - loi - ent Car nus ne fait çou k'il doit

[XI.]
Tot i - tels es - toit la vi - e 105. Au chief de mil ans a - vint
Ke chist ki o - chist Go - li - e 107. C'est Da - vis k'en plai - ce vint
Ki puit ot la Si - gno - ri - e 109. Des Jü - is tos les main - tint
Sa - ül ne le ven - qui mi - e 111. Rois fu et l'Em - pi - re tint
VII. [XII.]
C'est chil ki le sau - tier fist 113. Li pro - phe - tes sos - ve - rains
Ki de - seur tos kank' il dist 115. Fu de pro - phe - ci - e plains
De son tans si com on dist 117. Ot mil ans nis un jor mains
Dusk' al tans ke Jhe - su Crist 119. Ke la Virge ot en - tre - mains
La car k'en la Vir - ge prist 121. C'est li par - du - ra - ble (pain)
Dont li Rois des chiex nos dist 123. De çou soit chas - cun cer - tains
Tot cil en qui ra - ver - dit 125. Non la pail - le mais li grains
De la Foi ki en nos gist 127. Par quoi li mon - des est sains.
[XIII.]
Puis Da - vid fu Y - sa - i - es 129. Et ses pa - ro - les os - cu - res
Da - ni - el et Je - re - mi - es 131. Et les au - tres Es - crip - tu - res
[Ke on clai - me pro - phe - ti - es 133. Ki di - ent les a - ven - tu - res
Ke ve - ü - es et o - ï - es 135. Ont hu - mai - nes cré - a - tu - res]

[XIV.]
- - - - - iè - res 137. - - - - - -és
Ont es - t' cha en ar - riè - res 139. De Dieu si com il fu nés
Et de gens cru - ex et fiè - res 141. Fu si tres vil - ment · me - nés
Et en si pes - mes ma - nie - res 143. Se gar - de vos em pren - dés.]
[XV.]
On le set et en quel gui - se 145. Ke chas-cuns le voit as iex -
Et pre - e - che Sainte E - gli - se 147. Et a jo - nes et a viex
Ki ont cre - ance en çou mi - se 149. Chas-cuns jour de miex en miex
Ki l'Es - crip - tu - re (de - vi - se) 151. De Jhé - su Crist en ses fiex.]
VIII. [XVI.]
Sa Sain - te Na - ti - vi - tés 153. Ki le monde en - lu - mi - na
C'est la fi - ne vé - ri - tés 155. Tant de bien nos des - ti - na
Quant sa dol - ces da - ï - tés 157. A l'u - ma - ni - té cli - na
La char est l'u - ma - ni - tés 159. Ki en - tre nos l'a - me - na
Sans çou c'on - ques va - ni - tés 161. De pé - chié ne l'en - gi - gna
A - mors fu et ka - ri - tés 163. Et joi - es k'il nous do - na
Et pais et hu - mi - le - tés 165. Et quan - ques en tot bien a.
[XVII.]
C'est la fois, c'est la cre - an - ce 167. Ce doit on croire et sa - voir
Ke sa sain - tis - me nais - san - ce 169. Fu fai - te pour nos va - loir
Car il fut en tel es - tan - ce 171. Chil ki vuelt le puet ve - oir
Molt nos va loit s'a coin - tan - ce 173. - - - - - - - -
Sa pre - sence et sa pois - san - ce 175. - - - - - - - -
Mais la honte et la vil - tan - ce 177. - - - - - - - -
La pre - sen - ce k'en sof - fran - ce 179. - - - - - - - -
Re - çut sa chars, ke pois - san - ce 181. Con - tre mort ne vaut a - voir.

[XVIII.]
Ne ne vaut ne ne dut mi - e 183. Car Na - tu - re le re - quiert
C'est çou ki nos ren - di vi - e 185. Ki nos est, et fu, et iert
Pais, sa - lus et ga - ran - di - e 187. Vers ce - lui ki mort et fiert
Ki de tos biens a en - vi - e 189. Car tos mals a lui a - fiert
IX.[XIX.]
C'est li mor - tex Sa - tha - nas 191. Li fiex de per - di - ci - on
Ki tot a - voit haut et bas 193. En sa mor - tel ré - gi - on
A - pres i - ce - lui tres - pas 195. Dont nus n'a re - mis - si - on
K'il ne past [par ce - lui pas 197. En quel c'on-ques nas - ci - on
Com mo - roit en es le pas 199. A - loit a dam - nap - ti - on
Diex ki plus ne vo - loit pas 201. Sof - frir tel con - di - ti - on
Ki por nos sau - ver fu las 203. Fit tant per sa Pas - si - on
Ke li huis d'in - fer fu quas 205. S'e - üs - me Re - demp - ti - on.]
[XX.]
Diex us nés de la Pu - cel - le 207. Hom fu nés et Hom (pé - ri)
Moult fu sa nais - san - ce bel - le 209. Tos li mon- des en flo - ri
Ce n'est pas co - se no - vel - le 211. S'om naist et vient, mais je di
Ke la ou l'a - me ra - pel - le 213. Le vais - sel dont ele is - si
Et par tot en vait is - nel - le
215. La no - vel - le ki re - vel - le
217. Sa vais - sel - le rest en el - le 219. Grain-dre mer - vel - le ne vi.]
[XXI.]
N'en cest sie - cle n'a pa - rel - le 221. Ne re - sam - bla - ble n'est hui
Ne de rien ne s'a - pa rel - le 223. Nu - le mer - velle a ces - tui
Diex ki par tot le mont vel - le 225. Ki de tot s'a - tent a lui
Fist en - tre nos tel mer - vel - le 227. Ce dont en pa - ro - le sui.]
X.[XXII.]
Hom fu, ce ne fu pas tors 229. Puis k'en - tre nos ha - bi - ta
Et de mort n'a nus re - sors 231. Sa mors [la nostre a - cha - ta
Mais la da - ï - tés fu fors 233. Ki nos (le) re - sus - ci - ta
Ke, quant il fu com hom mors 235. Co - me Diex el chiel mon - ta
A - pres çou ses grans con - fors 237. Ses a - pos - tles con - for - ta
Quant del chiel nos plut la sors 239. Ke a tos nos a - por - ta
Les gieus et les grans dé - pors 241. Ke Sain - te Pen - te - coste a.]

XI.[XXIII.]

XII. [XXIV.]

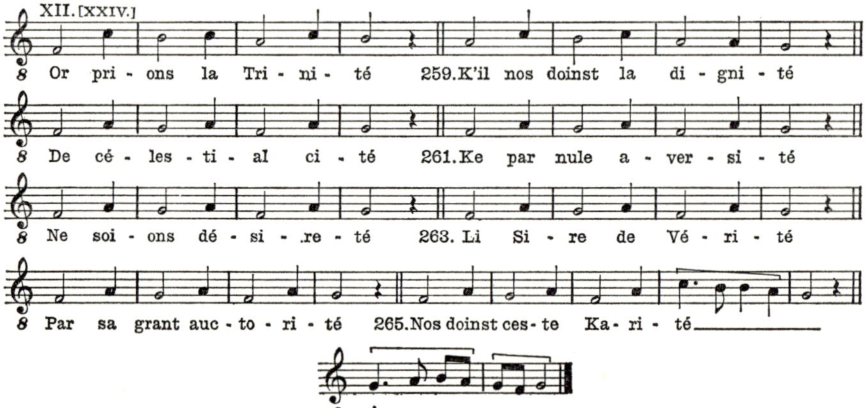

Notes et variantes:

Rubrique: cest ci li viés testaments et li noveaus.

Lettrines aux initiales des vers 1, 18, 41, 49, 60, 73, 81, 89, 113, 129, 153, 167, 207, 229, 243, *et A de l'*Amen *terminal.*

Variantes littéraires:

5 est *répété* 9. *Jeanroy propose:* jehans, li ewangeliste 10. tristre 23. il li 25. mors *au lieu de* mons; *ce vers s'achève par* cria 27. criés 36. comande 37. donc 51. abrahans? 57. il avoit 60. *Jeanroy propose:* li ot *au lieu de* li avoit 80. alot 83. Duk'a 96. le tenoient 99. *Jeanroy propose:* Et n'aloient 106. ki puist ochist 117. ot il mil ans 121. *La rime* pain, *omise dans le ms., est proposée par Jeanroy* 124. *Jeanroy propose:* c'est *au lieu de* tot 136-137. *Lacune supposée par Jeanroy* 138. arriere 148. lor creance 165. et tot quanques 173.175.177.179. *Lacunes supposées par Jeanroy* 207. *Nous adoptons* péri *proposé par Jeanroy; le ms donne* morut 211. *Jeanroy propose* muert *au lieu de* vient 212-218. "*Tout ce passage est certainement altéré: je suppose qu'il manque un vers* (*rimant en* i) *après 214 et un autre après 216. Peut-être eût-il fallu aussi réunir en un seul les vers 215-6, 217-8, qui seraient pourvus de rimes intérieures; le compas de cette strophe serait ainsi ramené à la forme a b a b . . . qui domine dans la pièce. Tout ce que l'état du texte permet de soupçonner, c'est qu'il s'agit ici de la Résurrection et que la "merveille annoncée par l'auteur consiste en ce qu'une âme rentre dans le corps qu'elle a quitté et le ranime.*" (*Alfred Jeanroy*) 252. *Jeanroy suppose ici une lacune dont le sens serait, dit-il,* pour les fidèles.

Remarques musicologiques:

Nous supposons le lecteur averti des controverses relatives au rythme des transcriptions [28]; cette remarque est évidemment valable non seulement pour la présente composition, mais également pour les suivantes. Cependant, le fait que de nombreux vers se trouvent répétés sur des incises mélodiques identiques confirme, par un rythme verbal à la fois divers et unique, celui adopté pour la transcription musicale.

Les fragments indiqués entre crochets sont dépourvus de notation dans le manuscrit. L'établissement du schéma strophique permet en principe de retrouver assez facilement quelle incise déjà utilisée devra, suivant le principe de la responsion, être repris. Nous nous trouvons à plusieurs reprises, en désaccord sur ce sujet avec l'édition de Pierre Aubry; nous avons déjà remarqué que Pierre Aubry prenait parfois de curieuses libertés avec les leçons des manuscrits: telle leçon lui paraît-elle arbitraire, contraire à l'ordonnance d'un schéma, il la supprime et la remplace par ce qu'il croit être dicté par le bon sens [29]. L'étude approfondie du genre très particulier du lai

[28] Pour une information précise et relativement récente, consulter l'ouvrage de R. Monterosso, *Musica e ritmica dei trovatori,* publication de l'Ecole de paléographie musicale de l'Université de Parme, Milan (1956).

[29] cf. notre article 'Problèmes musicaux et littéraires du lai', in *Quadrivium,* III (1958), 3-15. De semblables remarques avaient déjà été faites par Friedrich Gennrich, 'Zwei altfranzösische Lais', in *Studi Medievali* XV (1942), 2.

impose une grande circonspection, et l'examen minutieux de l'ensemble de la pièce. Sans considérer toujours les leçons manuscrites comme des critères infaillibles, on constate souvent qu'un texte paraissant fautif recèle une leçon intéressante. Ce n'est parfois que le hasard qui fait entrevoir telle subtilité, considérée à l'origine comme une erreur du scribe; il faut cependant avouer que ces dernières sont assez fréquentes.

Reprenant l'idée précédente, nous attirons l'attention du lecteur sur un point qui ne lui a peut-être pas échappé à la lecture du texte musical: le manque apparent d'économie de notre édition. Prenons l'exemple des vers 1 à 9. L'incise mélodique sur laquelle ils doivent se chanter est unique; il eût été préférable de l'imprimer une seule fois, avec signe de reprise. Tel semble le bon sens, et ainsi a pensé Pierre Aubry, encore qu'il ait édité la mélodie in-extenso, mais en répétant cette phrase unique. Remarquons cependant que de menues modifications se présentent bien souvent, et qu'il ne saurait s'agir là de faute du scribe. Celui-ci a peut-être cherché à fixer une tradition, une interprétation particulière à un ménestrel bien déterminé, voire à Ernoul le Viel lui-même. Ce souci est toujours celui de nos ethnomusicologues qui s'efforcent de transcrire avec la plus scrupuleuse exactitude telle interprétation. En fait, il est vraisemblable que, sur une corde récitative donnée, l'interprète d'un lai jouissait d'une certaine liberté d'interprétation qui lui permettait des colorations plus ou moins expressives, en laissant sourdre sa propre personnalité [30]. En résumé, il nous a semblé préférable de noter directement dans le texte ces variantes, ce qui évite un apparat critique par trop important, et inutilisable pratiquement.

Variantes: Strophe (XIX): incise A var. pour vers 192. — v. 209 seule la première syllable est notée, avec la ligature sol-fa, que nous avons abandonnée car elle ne répond pas à l'incise qui doit être utilisée. str. (XXII) incise A = var. p. vers 228-229.

Structure strophique de l'oeuvre: Alfred Jeanroy s'est heurté à la difficulté de donner à cet ensemble imposant de 265 vers une forme cohérente. Il a fondé en principe sa division en strophes sur la position des lettrines ornées, encore qu'il ait dû s'écarter à plusieurs reprises de ce procédé, sachant pour vrai qu'elles ne constituent pas un critère infaillible. Il parvient ainsi à une division insolite en XXIII strophes, que nous avons indiquée par de petits chiffres romains entre crochets. La logique eut voulu qu'il distinguât, en dépit de l'absence de lettrine, une strophe XXIV équilibrant la strophe II. Nous avons indiqué cette dernière strophe à la fois entre parenthèses et entre crochets.

[30] nous avons déjà insisté sur la liberté d'exécution des chanteurs de lais et de leurs "accompagnateurs": 'Le lai lyrique et les légendes arthuriennes', in BBSIA IX (1957), 124-127; 'Coutumes musicales au Moyen-Age d'après le Tristan en prose', in *CCM*, II, Poitiers (1959) 341-353; 'Le "lai" et la "note" du Chèvrefeuille', in *Musica Disciplina* XII (1959), 3-13.

Cette division arbitraire ne satisfait guère. On sait qu'en principe, un lai se compose de XII strophes, la première et la dernière formant rappel métrique et mélodique (grande reponsion). Le procédé d'analyse schématique préconisé par Istvan Frank [31] aboutit, pour une pièce de cette ampleur, à un alignement impressionnant de chiffres et de lettres duquel il est difficile de tirer une conclusion claire. C'est l'utilisation de la méthode, moins rigoureuse mais plus simple, de Hugo Kuhn [32], qui symbolise chaque section strophique par une lettre — résumant ainsi au maximum —, qui nous a permis d'aboutir à une ordonnance parfaitement équilibrée de XII grandes strophes, régie par les lois de la haute et de la basse responsion. Voici ce schéma:

I.	(v. 1-17)	A^{1}				Annonce, présentation.
II.	(v. 18-39)	B^{2}				Création — Déluge.
III.	(v. 40-47)	C^{3}				Fin du Déluge.
IV.	(v. 48-55)	D^{4}				De Noé à Abraham.
V.	(v. 56-79)	E^{5}	F^{6}	G^{7}		Sacrifice d'Abraham, père du peuple.
VI.	(v. 80-111)	E^{8}	H^{9}	I^{10}	J^{11}	Moïse, la Loi.
VII.	(v. 112-151)	E^{12}	H^{13}	I^{14}	J^{15}	David le Roi et les prophètes.
VIII.	(v. 152-189)	E^{16}	I^{17}	J^{18}		Nativité du Christ.
IX.	(v. 190-227)	E^{19}	I^{20}	J^{21}		Action de Satan. Rédemption.
X.	(v. 228-241)	E^{22}				Jésus, Homme & Dieu. La Pentecôte.
XI.	(v. 242-257)	A^{23}				Les Apôtres, l'Eglise.
XII.	(v. 258-265)	$B^{(24)}$				Promesse du Ciel.

L'examen du contenu théologique donne une saveur toute particulière à cette division en XII strophes = nonobstant les responsions métriques et mélodiques — intéressantes sur le plan purement formel —, remarquons le bel équilibre des enseignements: la foi en Jésus, demandée à la Strophe I, correspond à l'enseignement des Apôtres de la strophe XI, la Création (str. II) s'équilibre avec la promesse du ciel (str. XII). Les strophes inté-

[31] Istvan Frank, *Répertoire métrique de la poésie des troubadours,* 2 vol. BEHE, Paris (1953-1957).

[32] Hugo Kuhn, 'Ulrich von Winterstetten und der deutsche Leich', in *Minnesangs Wende,* Tübingen (1952).

rieures distribuent avec logique les grands évènements de l'Histoire Sainte. Nous sommes, avec cette oeuvre, en présence d'un nouveau témoin "de l'amour du Moyen-Age pour la Bible et de son désir de la faire connaître à tous, dans ce qu'elle a de vivifiant pour les âmes" [33].

B. *Lai de Notre-Dame* (RS 1017)

Source: T 61.

Edit.: F. Wolf, *Ueber die Lais, Sequenzen und Leiche,* Heidelberg (1841), 472 (vers 1-82 sans musique). — A. Jeanroy, P. Aubry & L. Brandin, *Lais et descorts français du XIIIème siècle,* Paris (1901) édition intégrale avec musique (notation carrée). — J. Maillard, *Esthétique et évolution du lai lyrique des origines à la fin du XIVème siècle* (thèse de Lettres): commentaire et transcription partielle (vers 1-102).

[33] R. P. Lagrange o.f.p., 'La Bible au Moyen-Age', in *Bulletin de la Société des Amis des Cathédrales,* II (1914), 65 (à propos de la sculpture médiévale). — Cf. Bery Smalley, *The Study of the Bible in the Middle-Ages,* 2ème édition, Oxford (1952). — Nous remercions vivement le R. P. Etienne o.c.d. d'avoir bien voulu nous donner confirmation de l'intérêt théologique de cette division en douze strophes.

I. [I.]
1. En en - ten - te cu - ri - eu - se
3. L'a - mor de la glo - ri - eu - se
5.[(K'a) la Vir - ge pré - ci - eu - se
7. Ki fu si tres sa - ve - reu - se
2. De quer - re ma vi - e
4. Ne lais - se - rai mi - e
6. Ne re - querre a - ï - e
8. C'on - ques en sa vi - e]
9. Ne li prit en - vi - e
10. De car - nel fo - li - e
11. Or ne m'es - con - di - e
12. De rien ke je di - e
13. La do - ce, la pi - e
14. La Vir - ge Ma - ri e
15. Vir - ge boine, a - ven - tu - reu se
17. De tos les - biens e - ü - reu se
19. Sain - te Virge a Dieu es - peu se
21. Do - ce Ro - ï - ne pi - teu se
16. Sain - te, caste et pu - re
18. Plai - ne de me - su - re
20. Pu - celle a droi - tu - re
22. De boi - ne na - tu - re
23. To - te cre - a - tu - re
24. S'en vos met sa cu - re
25. Puet es - tre se - ü - re
De boine a - ven - tu re
II. [II.]
27. Da - me de pi - tié
28. Vais - saus d'a - mis - tié
29. Vir - ge sans pe - chié
30. Moult e - üs - tes lié
31. Et cuer et co - [ra - ige
32. Quant de Jhe - su Crist
33. Ki ens vous se mist
34. Et car et sanc prist
35. No - vel - les vos dist
36. La vois del mes - sa - ige]
37. Ce fut Ga - bri - eaus
38. An - gles boins et beaus
39. Vo - lans et is - neaus
40. Del Si - gnor des ceaus
41. A - mo - ros mes - sa - ige
42. Qui ne vos a - non - cha mi e
45. Quant de par - le Roi de vi e
48. Diex (est) en ta com - pa - igni e
51. Ne soi - és pas es - ma - ri e
43. No - vel - les de vi - lo - ni e
46. Te dist: "Diex te saut, Ma - ri e
49. De - seur toi n'a si - gno - ri e
52. Mais de joi - e ra - em - pli e
44. Ne pa - ro - le vai - ne
47. Ki de grasse iés plai - ne
50. Nu - le feme u mai - ne
53. Bien soi - és cer tai - ne
54. Sans oe - vre vi - lai - ne
55. Con ceus Dieu de - mai ne

56. Ki vit et ki rai___ ne
57. Da - me molt vos plot
[A o - ïr cest mot
59. Quant dit le vos ot
60. Cil ki boin le sot
61. Non - cier co - me sa - i(g) es:
62. Ce fut Ga - bri - eaus
63. An - gle dous et beaus
64. (- - - - -)
65. Del si - gneur de ceaus
66. Droi - tu - rier mes - sa - iges
67. Vir-ges do - ce de- boi - nai___ re
68. Ga - ris est ki te puet fai___ - re
70. Tot a - vons de vos a fai___ re
71. Nus ne se doit de vos trai___ - re
73. Aisn se doit pres de vos trai___ re
74. Et vos som pe - chié re - trai___ - re
76. Riens ne puet a Dieu des - plai___ re
77. Ki con - tre nostre a - ver - sai___ - re
69. Ho - nor et___ ser___ vi - se
72. Ki en pe___ chié___ gi - se
75. Car en nu___ le___ gui - se
78. Soit par vos___ con___ qui se
79. Vos - tre ga - ran - di - se
80. Da - me nos sof - fi - se
81. En la grant a - si - se
82. Au jor del Ju - ï___ se.]
III. [III.]
83. Vir - ge ki sain - tis___ (me - ment)
84. Con - ce - üs - tes sans pé - chié
88. Ne n'en e - üs - tes___ ta - lent
89. Ne ne vous fu re - pro - chié
93. Virge a - près l'en - fan___ te - ment
94. Vir - ge ki sans mau - vais tié
98. Vir - ge per - pe - tu___ el - ment
99. Dieusvos a do - né tel fié
85. C'on - ques nul - jor plai___ ne - ment
86. N'e - üs - tes le cors ta - chié
[90. C'on - ques par nul ten___ de - ment
91. E - üst cars - a - vous to - chié
95. Fus - tes a - pres en___ de - vant
96. Et sans car - nel co - voi - tié
100. Ke por nos - tre sau___ ve - ment
101. Li es - tes tos - jors au pié
87. (Vir - ge - - a - ble)
92. Vir - ge pi - é - ta - ble
97. Vir - ge par - du - ra - ble
102. Vir - ge se - co - (ra - ble)]

IV.
103. De - proi - és le Roi del mon de 104. Cui vos es - tes Me - re
105. Ke s'i - re ne nos con - fon de 105. Por le mal ki sor - a - bon de
107. Vir - ge do ce, cle - re 108. Sain te, pu re, caste et mon de
109. Nuit et jor, por nos, o - rés 110. Et nos ai - diés et se - co rés
111. Et la - bo - rés 112. Vers Dieu, nos - tre chier Pe - re
113. Qui nos gart de la ver - go igne 114. Et de l'an-goisse in - fer - nal
115. Quant (pu - ni) se - ront li mal 116. Et par - font val 117. Dont l'or-dú - re
est a - me - re. 118. Dame a cui ma - te - re 119. Nus ne s'a - com - pe -
re 120. De nos faire a - ï - e 121. Ne soi - és a - ve - re
122. Car qui Diex ou - bli - e, 122. Tos jors le com - pe re
V [IV.]
124. Do - ce me-re au Cré a - tor 125. Nos vos de - vons jor et nuit
129. Ke li grant et li me-nor 130. Se pé - chiés ne le(s) des - truit
134. Nostre a - ne - mis a pa - uor 135. Et quant il - Le voit si fuit
139. Nos fai - ciés nos - tre Si - gnor 140. Si ke, par vos - tre con - duit
126. Ho - no - rer tot li plu - sor 127. Et non li plui - sor, mais tuit:
131. Vos doi - vent por - ter ho - nor 132. Car vos por - tas - tes le fruit
136. Do - ce Mere au Sau ve - or 137. Proi - és tant, ne vos a - nuit
141. Plus que par nos - tre la - bor 142. Puis - sons a - tendre au de - duit
128. Vos es - tes tant di - gne
133. De cui v(e) - rai si - gne
138. Que dos et be - ni - gne
143. Ke (Jhe - su) a - si - gne

VI.
144. A cels de hau-tes mé-ri tes 145. Ki ont leur dé-ser-tes
146. El li-vre de vie es-cri tes 147. Ce sont les a-mes es-li tes
148. A cui sont ou ver-tes 149. Les pór-tes ki as he-ri tes
150. Et a ceaus ki con-tre loi 151. Vont, sans rai-son et con-tre foi,
152. Sont, par l'o-troi 153. Dieu, clo-ses et co-ver-tes
154. Da-me, les nos (-tres me-ri tes 155. Et nos) de-ser-tes sont tex
156. Ke se de nos (- -) ex 157. N'a mer-chi Dex 158. Tor-ment nos a-
tent-a cer-tes 159. Da-me, les nos per-tes 160. Sont to-tes a-
per-tes 161. Diex set de nos vi-es 162. To-tes les re-ver-tes;
163. Nos a-mes tra-ï-es 164. En se-ront dé-ser tes
VII. [V.]
165. Da-me, moult et faus et vils 166. Et de mal-vai se o-ri-ne
169. Da-me, tos nos ra-vrés mis 170. En ra-cor-dan ce fi-ne
173. Da-me, con-fors as chai-tis 174. Et as en-fers me-chi-ne
177. Da-me, do-ce flors de lis 178. Et ro-se sans es-pi-ne
167. Ki voit vostre i-maige el vis 168. Et cent fois ne l'en-cli-ne
171. Vers Dieu ki est [vostre a-mis 172. S'il nos a en ha-ï-ne,
175. Es-toil-le de pa-ra-dis 176. Et del mon-de ro-ï-ne
179. De nos, cui pé chiés a pris 180. El tient en sa sai-si-ne.]
VIII.
181. Dé-proi-és vo-tre chier Fill 182. Ke tos nos en re-trai-e
183. Et def-fen-de de pe-rill 184. Par sa pi-tié ve-rai-e

185. Ma - rie, es - toil - le de mer 186. Cui to - tes gens doi - vent a - mer 187. Et
de - proi - er, et re - cla - mer 188. Cuer sans a - mer 189. Voil - hés vos en - tre -
me - tre 190. Au (grant) po - oir ke vos a - vés 191. Tos les con - saus (vos les sa -
vés) 192. Tos les se - cres (- - -) 193. K'es haut de - gres 194. (Vos) nos (i)
fai - tes me - tre 195. Car c'est co - se (de) vé - ri - tés 196. Ke clos nos ert i -
cil os - tés 197. Si ke de - hors se - rons re - més 198. Ke ja mer - chi n'en
a - ra Dés 199. Se vos, ki des 200. Es - pe - ri - tés 201. Es - tes del Chiel et
por - te 202. Car (cele) en - tree a nos do - nés 203. Par vos nos est ha - ban - do -
nés 204. Li chiex, ou Chil est co - ro - nés 205. Ki sain - te - ment, de vos, fu nés
Et puis pe - nés 207. Et mal me - nés 208. Si ke sa chars fu mor - te.
IX.
209. Nostre a - ne - mis ki par tot cort 210. Ki tos maus nos en - or - te
211. Et ki trop tient le mon - de cort 212. Mort par - du - ra - ble por - te
213. Do - ce Da - me, d'en - trer ens cort 214. Cre - mons k'il nos re - sor - te
215. Se vostre a - mors ne nos se - cort 216. Ki moult nos re - con - for___ te.
X. [VI.]
217. Sain - te Virge en qui a - mor 218. Nos a - vons es___pe - ran - ce,
219. Et por - ter et nuit et jor 220. Vos de - vons re___ve - ran - ce,
221. Et es - tre, par grant se - jor 222. De - vant vos - tre___sem - blan - ce,
223. Ki faite est ens vostre ho - nor 224. Et en vos re___mem - bran - ce,
225. Fai - tes (nos), par vos do - çor 226. [Vir - ge de grant - vail - lan - ce,
227. De Dieu nos - tre Cre - a - tor 228. A - voir boi - ne___voel - lan - ce,
229. Fai - tes nos metre el re - tor 230. De paiz et d'es___pe - ran - ce,
231. Et ke Diex, au chief del tor 232. Nos ait en sa___pre - san - ce.]

XI.
233. Vir - ge Dieu, pu - cel - le chie - re 234. Sain - te caste et ne - te
235. Vos - tre sain - tis - me proi - ere 236. En pa - ra - dis nos me - te!
[VII.]
237. Dame en cui (tuit) nous nos fi - ons 238. De - vant vos nos cru - ce - fi - ons
239. Da - me, por Dieu mer - chi pri - ons 240. Et vos cri - ons: 241. Vir - ge, sain-
tis - me Da - me 242. Ke pas ne mé - tés en o - bli 243. Ke par vos ne soit
a - com - pli 244. Co - ment Diex ait de nos mer - chi 245. Ki so - mes chi
246. El feu et ens la fla - me 247. Na - tu - re nos fait (toz) pe - chier
248. Nos fait men - tir, nos fait tre - chier 249. Faus - ses pa - ro - les af - fi - chier
250. A - mer de lit et a - voir chier 251. Boivre et le - chier 252. Et tart cou - chier
253. Et tart le - ver por l'ai - se 254. Da - me, de vé - ri - té sa - vons
253. Ke, se par vos mer - chi n'a - vons 254. C'est tost pas - sé, ja ne l'a - rons
255. Ke de - ser - vons 256. Par - du - ra - ble me - sai - se 257. Cre - an - ce
po - ons nos a - voir 258. Mais l'uevre est trop mau - vai - se 259. Da - me nos
sa - vons tot, de voir 260. Ke par vos a - rons ai - se 261. Fai - tes tant
ke, par es - ta - voir 262. Nostre a - ne - mis se tai - se 263. Et ke de
vos puis - sons mo - voir 264. Co - se ki a Dieu plai - se

Notes et variantes:

Rubrique: *ci conmencent li lai ernoul le vielle de Gastinois et cis est de nostre dame.*

Lettrines: vers 1, 27, 165, 181, 215, 235.

Variantes littéraires:

vers 5. ke la v. 31-36-41-61-66: *le* i *indique un g mouillé et n'a pas d'incidence sur la voix du a qui précède.* 55. *Jeanroy remplace* conceus *par* conçois *pour éviter de supprimer la diphtongue eü* (conceüs) 61. sajes 64. *lacune; on pourrait y mettre* volans et isneaus, *texte du vers 39* 69. service 81-82 *vers répétés deux fois* 83. saintisme 87. *lacune* 94. mauvaistee 102. Virge seco 115. puni *est une suggestion de Jeanroy: le ms donne* comparé (?) 125. nuit et jor 128. disne 130. le destruist 133. vrai 138. doce 139. signour 143. Ke li asigne; *la correction* Ke Jhesu . . . *est proposée par Jeanroy* 153-157. dieu closes et covertes dame les nos merites nos desertes sont tex ke se de nos na merchi 190-195. Au pooir ke vos avés tos les consaus tos les secrés k'es haut degrés nos faites metre car cest cose verités: *Jeanroy ne restitue ici que quatre vers (190-193), ce qui provoque jusqu'à la fin un décalage de deux vers avec la présente édition. Le principe de la responsion semble confirmer nos suggestions encore que, dans l'ensemble, ce texte soit très altéré* 196. ostels 201. nestes 202. car entree 225. faites par 230. de paine 237. dame en cui nous 247. nos fait pechier.

Strophique:

Ce texte est très altéré et pose de sérieux problèmes à l'éditeur. Nous avons indiqué entre crochets les chiffres romains correspondant aux strophes de Jeanroy (sept au total). Nous avons cru pouvoir rétablir la structure traditionnelle en XII strophes avec haute responsion entre I et XII. Mais les petites responsions sont très fréquentes, la parenté entre les diverses incises telle qu'il est très délicat de se prononcer: ce lai est une sorte de litanie amplifiée dans laquelle ne manquent pas les pièges. La structure que nous avons adoptée entraîne le schéma simplifié suivant, qui paraît logique:

I.	A A
II.	A′ B A′ B
III.	C
IV.	A′ A′
V.	C
VI.	A′ A′
VII.	D
VIII.	A′ A′
IX.	E
X.	D
XI.	A′ A′
XII.	A

La reconstitution de la mélodie est importante: le lecteur remarquera que seulement 160 vers sont notés sur un total de 274.

Les remarques faites précédemment pour le *Lai de l'Ancien et du Nouveau Testament* sont valables ici.

En ce qui regarde l'inspiration, ce lai diffère du précédent en ce sens qu'il n'est en aucune façon narratif, et consiste essentiellement en une apologie mariale. Ce thème a connu un essor considérable au Moyen-Age après Saint Bernard, particulièrement en Allemagne [34].

C. *Por conforter mon corage* (Pastourelle RS 19)

Source: M 102.

Edit.: Carl Bartsch, *Altfranzösische Romanzen und Pastorellen,* Leipzig (1870), 235 (texte seul). — M. Monmerqué et Francisque Michel, *Théâtre français au Moyen-Age,* Paris (1839), 43 (texte seul). — Friedrich Gennrich, transcr. musicale et édition partielle in ZfMW IX, 25. — Jean & Louise Beck, *Le Manuscrit du Roi,* Philadelphie (1938), fac.-sim. et transcr.mus., II, 175.

[34] Depuis les grandes séquences vernaculaires de Melk, d'Arnstein, les Leiche de Minnesänger tels que Walther von der Vogelweide, Rudolf von Rotenburg et Conrad von Wurzburg, jusqu'au mysticisme de Heinrich von Berg (Suso). — Cf. les travaux récents de Ignaz Backes (Trèves), Charles Balič o.f.m., Mgr Henri Barré (Rome), Albert Fries c.s.s.r. (Kloster Geistingen), Dom Jean Leclercq (Clervaux, Lux.) &c...

I.

Por conforter mon corage,
Qui d'amors s'esfroie,
L'autre jor les un boschage
Tos seus chevauchoie.
Pastorele
Gente et bele
Truis, et simple et coie;
En l'erboie
Qui verdoie
Repaissait sa proie.
Cors ot gent — et avenant,
Bouche vermeille et (oel) riant
Noirs sorcis — et bien assis
Blanc col et coloré le vis;
Quar Nature
Mist sa cure
En former tel enfant
A E O!
Son frestel, son baston prent
A E O
Chantoit — et notoit:
"Je voi venir Enmelot
Par mi le vert bois."

II.

J'oi la touse qui frestele
Et demaine joie.
Por ce qu'ele est simple et bele
Vers li ting ma voie.
Je li dis
Com fins amis:
"Touse car soiés moie!"
La bregiere,
Qui fu fiere,
Durement s'esfroie.
Maintenant — S'amor demant:
El dit que n'en fera noiant:
De Robin a fait ami
Que li a jure et plevi
Que sa vie
D'autre amie
N'avra los ne cri
A E O
"Robins est loiaus amis,
A E O
Traiés vos en la:
Robin m'a de cuer amee,
Si nel lairai ja!"

III.

"Jentix touse debonaire,
Preus sans vilenie,
Ne mi faites plus contraire
Devenés m'amie!
Cote noire,
C'est la voire
Ne vos donrai mie:
D'escarlate
Iert vermeillete."
Ele dit: "Traiés arrier,
N'i vaut vostre dosnoier!"
Je la pris — qui fu soupris? —
Par force sos moi la mis.
Demanois
Le ju françois
Li fis a mon talant.
A E O
"Touse, or est il autremant?"
A E O
Cele crie en haut:
"Se Robins m'a mal guardee,
Mal dehait qui chaut!"

Rubrique: . . *nous li . ielle*

Schéma strophique: Bartsch a édité cette pièce en longues lignes de 7 et 5 vers alternativement, ce qui entraine la présence de plusieurs vers orphelins. Ceci se produit également lorsque, compte-tenu des rimes intérieures nombreuses, on tente l'édition avec des vers courts: 3′ 3 5. Nous avons essayé de combiner ici les deux possibilités, en utilisant le schéma suivant:

7 5 7 5 3 3 5 3 3 5 7 7 7 7 3 3 5 7 5 7 5

qui ne donne cependant pas toujours entière satisfaction, puisqu' il entraîne un chevauchement mélodique dans la reprise de l'incise du vers 3 pour les vers 8-9, et une rime boiteuse aux vers 50-51.

Var. littéraires: 2 s'effroie? 22 Enmelot *pour* Emmelot 25 tig 54 fui. — *Nous pensons que les vers 12, 33 des strophes I et II étaient à l'origine des vers de sept pieds comme leur correspondant de la strophe III. Dans le vers 12, le mot* oel *a tété ajouté et ne figure pas dans le texte du motet correspondant. Dans le vers 33,* el *en tête du vers rompt le rythme général.*

Remarques musicologiques:

La mélodie du motet *Por conforter mon corage* est la même, à de menues variantes près, que celle de notre Pastourelle. Egalement celle du motet *Crescens incredulitas,* mais pour les cinq premières incises. Il y a ensuite divergence.

D. *Pensis, chief enclin* (Pastourelle RS 1365 et motet)

Source: M 102.

Tres mutilée, cette pièce est amputée de onze, voire de vingt vers. Il manque également au moins deux portées.

Edit.: Carl Bartch, *Altfranzösische Romanzen und Pastorelle,* Leipzig (1870), 237 (texte seul). — J. & L. Beck, *Le Manuscrit du Roi,* Philadelphie (1938) II, 176 (fac-sim. et transc.).

I.

Pensis, chief enclin,
Un matin erroie
Les un aubespin
Dejou(ste une arbroie)
.............................,
O
....
A E O
....
O
....
Dorenlot !

II.

....
....
....
....
....
O
....
A E O
...........(com)paignon
O
As qu'en Robeçon
Dorenlot !

III.

Laisse cel garçon
Qui au lange frote:
De bon peliçon
Et de nueve cote
Te revestirai . . ."
O

— "Sire, non ferai,
A E O
Ja ne vos crerai
O
Se la foi n'en ai!"
Dorenlot !

IV. Quant parler j'oi
De la convenance,
Ma main li tendi,
S'ofri ma fiance.
"Sire damoisiaus,
O
Soufrés me tant viaus
A E O
Que tor mes aigniaus,
O
S'avrois vos aviaus!"
Dorenlot !

V. Bien cuidai avoir
La touse en ma trape,
Quant, par son savoir,
De mes mains m'eschape:
Au bois fuit le cors,
O
Robins li est sors
A E O
O lui deus pastors
O
Fait li ont secors!
Dorenlot !
Engiens et trestors
O
A feme tos jors!
A E O
Com fol et com lors
O
Perdi mes amors!
Dorenlot

Rubrique: *ernous le viele*

Schéma strophique: 5 ab′ ab′ cccc avec O en écho après les vers 5 et 7 de chaque strophe; A E O après le vers 6 de chaque strophe. A la fin de chaque strophe, refrain Dorenlot.

[35] Cf. ZfrPh 49, 228.
[36] cf. sup.

Variantes littéraires: 4. *reconstitution de Bartsch confirmée par le texte du motet de Montpellier.* 15. paignon 34. aigniauz; *la voyelle d'écho manque après ce vers.*

Remarques musicologiques: L'incise du vers 4 se reconstitue aisément par symétrie avec le vers 2.

D'après Spanke, la mélodie de cette Pastourelle a sans doute été connue de Heinrich von Morungen [35]. Elle est entièrement différente de celle du motet *Pensis, chief enclin* du Manuscrit de Montpellier. Bien que la transcription de cette oeuvre ait déjà été publiée par Yvonne Rokseth [36], nous croyons utile de la joindre à notre étude, eu égard à la carence de la musique dans le Manuscrit du Roi. On remarquera qu'il n'y a plus identité de structure strophique dès le vers 6.

Yvonne Rokseth, qui n'a sans doute pas eu l'occasion de procéder à un collationnement des deux textes, n'a pas remarqué la présence d'un o en écho après le vers 5;

Elle édite:	Au lieu de:
Pastoure trouvai	*Pastoure trouvai*
Oïe l'ai	*O*
Saluoie	*Je l'ai saluoie*

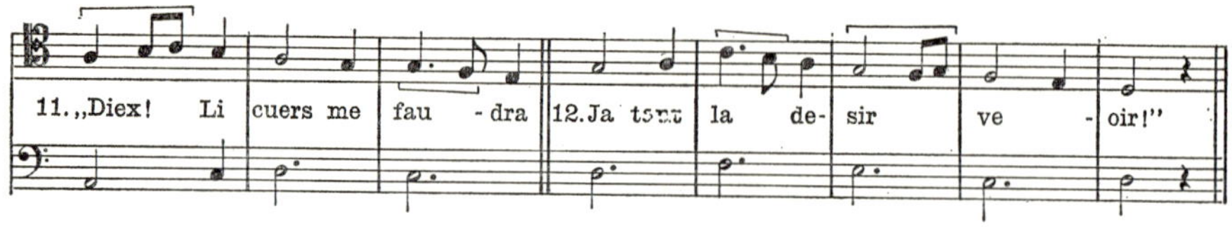

E. *Quant voi le tans avrillier* (Pastourelle RS 1258)

Source: M 103.

L'incipit de la pièce est donné par la table du manuscrit. Le folio, mutilé, est privé des dix premiers vers et de leur musique (strophe I).

Edit.: Carl Bartsch, 237-238. — Beck, II, 178.

I.
Quant voi le tans avrillier
....
....
....
....
....
....
....
....
....

II.
"Avoi sire chevalier
Se je ai povre despueille,
Ja por ce vostre proier
Ne cuit pas qu'en gre recueille;
Car j'ai choisi mon bregier,
Qui je aim mout et tieng chier
Si com mon dru
Ne onques savoirs ne fu
De haute amor acointier,
Por c'on en la fin s'en deuille."

III.
— "Pastore, se Dex me gart,
Ne dis pas selonc droiture,
Car mieus vaut au mien esgart
Plain poing de bone aventure,
La ou frans hom a sa part,
Qu'endurer et tempre et tart
Od le vilain.
La paille as pris por le grain
Se tes cuers del mien se part
Et el vilain mes ta cure."

IV. — "Sire, mout vos voi gaillart
Et parler par grant mesure;
Mais j'ai trop le cuer coart
D'entrer en autrui pasture,
Car semence de Renart
S'estent par tot tempre et tart
Ore a parmain.
Mout dout le colp premerain
Que par engien ne par art
N'iere vers Robin parjure."

Schéma poétique: 7 ab′ab′ a a 4c 7c a b′.

Variantes littéraires: 12. povre despeuille *est une reconstitution de Bartsch; le texte est à peine lisible.* 16. tieg 24. poig.

F. *Tres pensant d'une amorette* (Pastourelle RS 973)

Incipit donné par la table du Manuscrit. Folio mutilé; il manque la strophe I et le début du premier vers de la strophe II, ainsi que la musique évidemment.

Source: M 103′

Edition: Bartsch, 238.

I. Tres pensant d'une amorete
....
....
....
....
....
....
....
....
....

II. ....en la pree
Dencendi
Si m'assis sans demoree
Jouste li:
Estroitement l'acolai;
Ele ot le cuer cointe et gai
Si respondi sans esmai:
"Vassal, ostés vostre bras!
La trueve n'est vostre pas,
N'ai cure d'itel soulas!"

III. Je li dis: "Pastore sage,
Suefre toi;

Ne soies vers moi sauvage,
Jel te proi!
Fai mon bon, ton preu feras,
Riche loier averas;
Cele viés robe osteras,
S'affuble cest vair mantel,
Lai Robin cest garconcel
Garder ses pors el boschel!"

IV. Ele dit: "Vassal, n'ai cure
De gaber;
J'aim mout mieus ma chape bure
Affubler
S'aie Robin mon ami,
Qu'eüssiés vos bons de mi
Por chose que voie ici.
Oan Robin ne lairai:
Soie sui, soie serai,
Et loiaument l'amerai!"

V. Quant l'oï si escondire
De s'amor,
Erramment li pris a dire
Par iror
"Touse, n'iere mais cortois!
(Car) proié t'ai par trois fois:
A la quarte iert force drois,
Si ferés tout mon voloir!
....
....

Schéma poétique:

7a′ 3b 7a′ 3b 7c 7c 7c 7d 7d 7d

Var. litt.: v. 1 *donné par la table du manuscrit* 33. buire 34. A affubler 46. *Nous proposons* (car) *en début de vers pour rétablir un heptasyllabe.*

G. *En avril au tens novel* (Pastourelle RS 575)

Le motet *Pensis, chief enclin* édité plus haut se termine par les vers:

Diex! li cuers me faudra ja,
Tant la desir veoir!

que nous retrouvons aux vers 9-10 de la présente Pastourelle sous la forme:

Dex! li cuers me faudra ja,
Tant la desir avoir!

Il n'en faut pas davantage à Jean Beck pour attribuer cette pièce à Ernoul le Viel [37], ce qui est plus qu'aventuré puisque l'attribution du motet est elle-même bien aléatoire. Rien ne peut cependant, dans l'état actuel de nos connaissances, infirmer cette paternité.

Source: U 56

Editions (texte littéraire seul): J. Brakelmann, Die *Pastorelle in der nord- und südfranzösischen Poesie,* in JreL IX (1868), 325. — J. Brakelmann, *Les plus anciens chansonniers français,* Marburg (1896), 82. — A. Pinguet, *Les chansons et pastourelles de Thibaut de Blaison,* Angers (1930). — Carl Bartsch, op. cit., 134.

I.

En avril, au tens novel,
Que florissent cil vergier,
En chamoi soz Mirabel
Chevalchoie seus l'autrier.
Trovai seant un bergier
En un prez lez un boison,
Qui sa bergiere Rechon
Regrate, et dit senz decevoir:
"Dex! li cuers me faudra ja
Tant la desir avoir!"

II.

Quant j'oi lo pastorel
Si durement correcier,
Sor mon palefroi inel
Vers lui vois lo droit sentier.
Bien se sot en pied drecier
Et je l'ai mis a raison:
"Bergier, es tu se bien non?"

[37] Beck II, 89.

Et il m'a dit: "Je vous affi,
Se la bele n'a de moi merci,
Je ne vivrai gaires longuement ensi!"
III. "Bergiers, seroit vos il bel
Qui vos en poroit aidier?"
— "Oil, sire, un gras agnel
Vos donroie de loier,
Se vos m'en poiez aidier,
Et lo pain de mon giron.
D'autre part chastel Charlon
La troverez ou je la vi;
Et quant la verrez,   por deu dites li
Q'a la mort m'a mis   Se n'en a merci!"
IV. A cest mot m'en departi,
Que plus n'i vols demorer.
D'autre part Richon oï
Entre ses agnels chanter.
Ne la vols pas trespasser,
Car meuz me plaist acointier
De li, que de son bergier!
Lor li ai dit que sospris m'a:
"Blonde, se vos ne m'amez,
Jamais mes cuers joie n'avra!"
V. — "Sire, j'ai lo cuer marri,
Por ceu ne vos puis amer;
Chascun jor veons Hanri
Nostre païs triboler;
Ne savons quel part torner
Tant redotons l'aversier.
D'autre part amors ne qier
Fors que les Gauteron que j'ai:
A mes premieres amors me tenrai
.................................."
VI. Maintenant que j'entendi
La pastorele parler
De Gauteron son ami,
Dessanz por li acoler,
Por son gent cors remirer
Et sa boichette baisier.
Tant l'ai servi senz dangier
K'ele me dist au depertir:
"Or ai bone amor novele a mon plaisir!"

La structure des diverses strophes est irrégulière. Les sept premiers vers seuls présentent le schéma commun suivant: 7a 7b 7a 7b 7b 7c 7c.

Fontainebleau, mai 1962.